(468e)

CATALOGUE

ESTAMPES

ANCIENNES

SUPERBES ÉPREUVES

ALBERT DURER, REMBRANDT ET AUTRES

XVIIIe siècle, et MODERNES avant la lettre

PORTRAITS

ŒUVRE DE GRATELOUP

Raphaël Morghen, Nanteuil et autres

Collection de Feu M. de MALVAL, de Lyon

DONT LA VENTE AURA LIEU

HOTEL DES COMMISSAIRES-PRISEURS

RUE DROUOT, 9, SALLE N° 4

AU PREMIER ÉTAGE

Les Mardi 31 Janvier et Mercredi 1er Février 1881

A UNE HEURE PRÉCISE

Me Maurice DELESTRE
COMMISre-PRISEUR
rue Drouot, 27

M. VIGNÈRES
Md D'ESTAMPES
rue de la Monnaie, 21

PARIS — 1881

23,894
7,159-50
31,053.50

800 catalogues affranchis a la poste a 10c	80
Honoraires 10 %	3,105
11 Mains de Chemises a 1.50	16
38 montages demi feuille a 15	5
58 montages sur Raisin a 25	14
9 ——— Jesus a 35	3
	3,225

468*) CATALOGUE

ESTAMPES

ANCIENNES

SUPERBES ÉPREUVES

ALBERT DURER, REMBRANDT

Both, Cranach, Van Dyck, Edelinck, Claude Lorrain, Hollar
Lucas de Leyde, Marc Antoine, Ostade, P. Potter
Schmidt, **Schongauer**, Van de Velde, Visscher, Waterloo
Th. Wick, etc.

XVIIIe SIÈCLE, ET MODERNES AVANT LA LETTRE

Anderloni, Balechou, Bervic
Demarcenay, Desnoyers, Longhi, Massard, **Raphael Morghen**
Muller, Richomme, Wille, Woollett et autres

PORTRAITS

Balechou, Bervic, Demarcenay, Drevet, Van Dyck, Edelinck

ŒUVRE DE GRATELOUP

Masson, **R. Morghen**, Morin, **Nanteuil**, Strange

Collection de Feu M. de MALVAL, de Lyon

Me MAURICE **DELESTRE**, Commissaire-Priseur,
rue Drouot, 27,
Assisté de **M. VIGNÈRES**, marchand d'Estampes,
rue de la Monnaie, 21, à l'entre-sol,
CHEZ LEQUEL SE DISTRIBUE LE CATALOGUE.

PARIS — 1881

ORDRE DES VACATIONS

PREMIÈRE VACATION —

Estampes anciennes	Nos 1 à 265

DEUXIÈME VACATION —

Estampes modernes	Nos 266 à 409
Portraits	410 à 530

CONDITIONS DE LA VENTE

Au comptant.

Les Acquéreurs paieront CINQ POUR CENT en sus des enchères, applicables aux frais.

Les attributions de l'amateur ont été conservées.

M. VIGNÈRES, chargé de la Vente, remplira les Commissions.

NOTA. Toute commission sans prix fixé ou sans limite déterminée sera regardée comme nulle.

M. VIGNÈRES se charge de faire marquer les prix aux Catalogues des ventes qu'il a faites. Les personnes qui le désirent peuvent s'adresser à lui *franco*.

Plusieurs Amateurs éloignés en ont reconnu l'utilité pour les guider dans leurs Achats sur les valeurs des Estampes.

Les Catalogues des Ventes à faire seront envoyés aux personnes qui en feront la demande *affranchie*.

AVIS. — Nous prions MM. les Amateurs éloignés de ne pas attendre au dernier jour, pour que les lettres arrivent le matin de la vente; les lettres étant distribuées après mon départ.

Choix de Catalogues avec prix marqués.

CATALOGUE

ESTAMPES ANCIENNES

SUPERBES ÉPREUVES

1 **Audran** (J.). Batailles d'Alexandre, d'après *Ch. Le Brun*, 6 p. in-fol. dont une remargée. Très belles ép.

2 **Bega.** L'homme avec la main dans le pourpoint. (B. 10). — La Vieille tenant un grand pot. (12) — Le Paysan au chapeau bas. (17) — Les deux amoureux. (25) — Le chanteur, croquis (27). — Marchand de mort au rats (B. 80), et autre de *Van Vliet*. — Paysane italienne assise, par *Parrocel*, 8 p. très belles montées sur la même feuille.

3 — La Fumeuse. (B. 11). — Le Fumeur. (13) — Le buveur. (16). — La femme portant un panier. (18). — Le paysan allumant sa pipe. (20) — La mère. (28). — La mère et son mari (30) en tout 7 p. montées sur la même feuille.

4 — Le Paysan a la fenêtre. (B. 19). — Les trois buveurs (29.) — La jeune cabaretière caressée (34) 3 p. très belles montées sur la même feuille.

5 **Beham** (H. Sebald). Sainte famille, et 4 p. de la Passion, 5 p. sur bois, belles ép.

6 **Berghem** (N.). Le Joueur de cornemuse (B. 4). C'est le chef-d'œuvre du maître. Superbe ép. avant le nom de *Berghem*, d'une grande rareté.

7 — L'Homme monté sur l'âne (B. 5). Superbe ép. très rare.

8 — Le Troupeau traversant le ruisseau (B. 9). — Halte près du Cabaret (B. 11). 2 p.

9 — Suite d'animaux à la femme 6 p.

10 — Suite d'animaux à l'homme. 6 p.

11 — Suite d'animaux à la femme. 8 p.

12 — Suite d'animaux à l'homme. 8 p.

13 **Bloemaert**. Adoration des bergers, grand in-fol. d'après *Raphael*. Très belle ép.

14 **Bois anciens**. Chars de triomphe à mécaniques, porte-étendards, cavaliers musiciens, etc., 12 p. in-fol. pour un cortège triomphal.

15 **Bol** (Ferdinand). Le sacrifice de Gédéon (B. 2). 1er ép. extrêmement rare, l'ange n'est qu'ébauché. Superbe.

16 **Bolswert** (S. A.) Adoration des Mages, d'après *Rubens*, in-fol. en hauteur. Très belle ép. Martin van den Enden.

17 — Le Christ au roseau, d'après *Van Dyck*, in-fol. Très belle ép. collée. Martin van den Enden.

18 — La Chasse au lion, d'après *Rubens*, grand in-fol., marge. Belle ép.

19 **Both** (Jean). La Femme montée sur le mulet (B. 1). *Both fe* 3. Très belle ép.

20 — Le Chariot attelé de bœufs (B. 2). *Matham excud.* Superbe.

21 — Les deux Mulets (B. 4). *Matham ex.* Superbe ép. papier à la folie, petite marge.

22 — Le Pont de pierre (B. 5). Superbe ép. avant le nom et le numéro.

23 — Le Muletier (B. 6). Superbe ép. avant le nom et le numéro, papier à la folie.

24 — Le Trajet (B. 7). Superbe ép. avant le nom et le numéro, papier à la fleur de lys.

25 — Les deux Vaches au bord de l'eau (B. 8.) Superbe ép. avant le nom et le numéro.

26 — Les Pêcheurs (B. 9). Superbe ép. avant le nom et le numéro, papier à la folie.

27 — Le Pont de bois (B. 10). Superbe ép. avant le nom et le numéro.

28 **Bout** (Pierre). Le Traineau (B. 3). — Les Chasseurs (B. 4). 2 p. Très belles ép. de la collection Van Esdaille.

29 **Cranach** (Lucas). Sujets de la Passion, Jésus portant sa croix. — Jésus-Christ mis au tombeau. — Résurrection. — Saint Jérôme (B. 63). 4 p. très belles.

30 — Le Jugement de Pâris? (B. 114).

31 — Les quatre Tournois (B. 124 à 127). 4 p. Très belles ép. très rares.

32 — Philippe Melanchthon en pied sur bois (B. 153).

33 — Jésus-Christ descendu de la croix. — Martyre d'un saint. 2 p. sur bois.

34 **Dietricy.** Le marchand d'orvietan (67). — Tête d'homme cuirassé et coiffé d'un bonnet fourré, par *Schmidt.* 2 p. superbes montées sur la même feuille.

35 — Le Remouleur (68). — L'Homme sonnant du cor, par Ostade. — Homme et femme jouant au tric-trac, eau-forte in-8 en travers, 1866, 3 p. très belles, montées sur la même feuille.

36 — Pastorale avec nymphes (73). Très belle ép.

37 — Le Satyre et le Paysan (75). Très belle ép.

38 — Le marchand de complainte et de mort aux rats (79). Ceintrée du haut. Très belle ép.

39 **Du Jardin** (Karle). Animaux et bestiaux eau-forte, 19 p. Superbes ép. avant les n°s rares.

40 **Durer** (Albert). Adam et Eve (B. 1). Magnifique ép. Signée *P. Mariette*, 1693.

41 — La passion de Jésus Christ. L'Homme de douleur (B. 3). — Jésus en prière au mont des Oliviers (4). — Jésus saisi par les Juifs (5). — Jésus devant Caïphe (6). — Jésus amené à Pilate (7). — La flagellation (8). — Le couronnement d'épines (9). — L'ecce homo (10). — Pilate se lavant les mains (11). — Le portement de croix (12). — Jésus Christ à la croix (13). — La descente de croix (14). — Jésus Christ mis au tombeau (15). — La descente aux limbes (16). — La résurrection (17). — Saint Pierre et saint Jean guérissant le boiteux à la porte du Temple (18). Suite de 16 p. Superbes.

42 — L'Enfant prodigue (B. 28). Superbe ép.

Un coup de canif de sept centimètres a été donné dans le bas sur un des petits cochons, va jusqu'à l'auge, le papier est seulement fendu.

43 — La Vierge allaitant l'enfant Jésus (B. 34). Superbe.

Cette épreuve est environ le double de la grandeur dés gnée par Bartoch.

44 — La Vierge assise embrassant l'enfant Jésus (B. 35). Très belle ép., marge.

45 — La Vierge couronnée par deux anges (B. 39). Belle ép. et la copie contre-partie. 2 p.

46 — La Vierge assise au pied d'une muraille (B. 40). Très belle ép. — Copie contre-partie 2 p.

47 — La Vierge à la poire (B. 41). Superbe ép.

48 — La Vierge à la poire. Superbe ép. Copie du sens avec les lettres I. R. entre les deux arbres.

49 — La sainte Famille au papillon (B. 44). Superbe.

50 — Saint Eustache ou saint Hubert (B. 57). Très belle ép. collée.

51 — Saint Jérôme dans sa cellule (B. 60). Très belle ép.

52 — Saint Jérôme en pénitence (B. 61). Superbe ép. collée.

53 — L'enlèvement d'Amymone, copie par I. H. V. E du (71). Très belle ép.

54 — La Mélancolie (B. 74). Belle ép.

55 — La Mélancolie, copie par *J. Wierix*, 1602 (Copie A). Superbe.

56 — La même copie A. le nom de *Wierix* coupé. — Copie B. 2 p. Très belles ép.

57 — L'Oisiveté (B. 76). Superbe ép.

58 — La grande Fortune (B. 77) ou la Pandore. Superbe.

59 — L'Assemblée des gens de guerre (B. 88). Superbe.

60 — Le petit Cheval (96) probablement copie. Superbe.

61 — Le grand Cheval (B. 97). Superbe.

62 — Le Cheval de la Mort (B. 98). Superbe ép. Signé *P. Mariette* 1669.

63 — Le Cheval de la Mort (98). Très belle ép.

64 — Le Cheval de la Mort. Copie A. — Copie contrepartie, 1564. 2 p. très belles.

65 — Le Canon (B. 99), sur fer. Très belle ép.

66 — Les Armoiries au coq (B. 100). Très belle ép. avec quelques écorchures sur le bord à droite.

67 — Les Armoiries à la tête de mort (B. 101). Très belle ép.

68 — Sur bois (B. 3). Adoration des rois. — Sujets de la vie de la Vierge (B. 77 à 95). — La Vierge à la pomme, entourée d'anges (B. 101). 21 p. avec marges. 1er état avant le texte au verso, cahier.

69 — Le Rhinocéros (B. 136). Très belle ép.

70 — Martyre de sainte Catherine (B. 120). — Hérodiade (126). — Le Bain (128), 3 p.

71 — La sainte Trinité (B. 122), in-fol. sur bois. Belle ép.

72 — L'empereur Maximilien Ier. Sur bois presque grandeur naturelle, grand in-fol. (B. 153).

73 **Du Sart** (Corneille). La Ventouse (B. 12). Superbe.

74 — Le Chirurgien de village (B. 13). Superbe.

75 — Le Violon assis (B. 15). Superbe.

76 — La Fête de village, pièce capitale du maître (B. 16). Superbe ép. avant les taches de rouille au milieu.

77 **Dyck** (Antoine Van). Le Christ au roseau. Superbe ép.

78 — Le Titien et sa maîtresse. *A. Bonenfant ex.* Signé : *P. Mariette*, 1667. Superbe ép.

79 — Jean Snellinx, peintre. Superbe ép. avant toute lettre, état très rare.

80 — Juste Suttermans. Superbe ép. avant toute lettre, le nom écrit à l'encre dans le bas. Très rare.

81 **Eau-forte.** L'Accouchement. Composition de neuf personnes. Très belle ép. in-fol.

82 — Chaumière, signée A. D. L. — Troupeau passant un gué. 2 p. très-belles.

83 **Edelinck** (G.). La sainte Famille, d'après *Raphael.* Superbe ép. avant les armes, petite marge. Etat très rare, 2e des quatre états (R. D. 4).

84 — La sainte Famille, d'après *Raphael.* Avec les armes. Très belle ép., le texte en bas coupé, avant-dernier état.

85 — Sainte Madeleine, d'après *Ch. Le Brun.* 2e des cinq états (R. D. 32). Très belle ép., très rare.

86 — Combat de quatre cavaliers, d'après *Léonard de Vinci* (R. D. 44). Belle ép.

87 **Everdingen** (Aldert van). Les Fontaines d'eaux minérales (B. 96, 98). 2 p. Belles ép.

88 **Gellée** (Claude Lorrain). La Fuite en Egypte (R. D. 1). 1er état décrit second, le 1er état décrit n'existe pas. — Le Naufrage (R. D. 7). 2 p. Très belles.

89 — La Tempête (R. D. 5), avant-dernier état. — Les trois Chèvres (R. D. 26), avant les marges nettoyées, 2 p. Très belles.

90 — Le Dessinateur (R. D. 9). Scène de brigands (R. D. 12). 2 p. Très belles.

91 — Le Temps, Apollon et les Saisons (R. D. 20), avant le trait du haut renforcé. — Le Moulin à eau, par Thomas Wyck (B. 20). 2 p. Très belles.

92 **Ghisi** (Georges). La Calomnie accuse et traîne l'Innocence devant le tribunal de l'Ignorance, d'après *Lucas Penni*. Superbe et très rare ép., avant le nom et la date dans le petit ovale du trône (B. 64), état non décrit.

93 **Grun** (Jean Baudouin). Jésus-Christ dans une gloire d'anges (B. 6), sur bois. Très belle ép.

94 — Le Christ à la colonne. — Le Christ enlevé au ciel porté par des anges. — Saint Sébastien. — Les Parques, 4 p. en bois. Superbes.

95 **H. D.** (Monogramme). Les deux Éléphants, grand in-fol. Très belle ép.

96 **Haeften** (Nicolas Van). Trois Paysans dont celui de droite coupe du pain. — Trois Paysans dont celui de droite fume, accoudé sur la table. 2 p. in-4, datées 1695. Très belles ép., très rares, non décrites par Bartsch, montées sur la même feuille.

97 **Hollar.** Le Calice. Superbe ép. in-fol.

98 — Chien gardant du gibier, d'après *P. Boel*. Superbe.

99 — Les Saisons, représentées par des femmes à mi-corps, 4 p. Superbes.

100 — La Cathédrale d'Anvers, in-fol. Superbe ép., grande marge.

101 **Huchtenburgh** (I. Van). Combats de cavaliers, in-4, d'après *Van der Meulen*, 4 p. Très belles.

102 **Kessel** (Théodore van). Suite de petites eaux-fortes. Sujets d'animaux, 11 p. Superbes.

103 **Kobell.** Le Jour. — La Nuit. 2 paysages marines avec une grande chaumière. Très belles ép., sans marge.

104 **Laer** (Pierre de). Suite d'animaux. Titre (B. 1). — Les Chevaux (2). — Les Bœufs (3). — Les Cochons et les Anes (4). — Les Chèvres (5). — Les Chiens (6). — Les Buffles (7). — Les Mules (8). 8 p. Très belles.

105 **Le Clerc** (Sébastien). Apothéose d'Isis. Superbe et très rare ép., avec le vase sur l'autel et les danseurs et les danseuses de chaque côté, avant la lettre et autres changements.

106 — Apothéose d'Isis, avec la lettre, les prêtres, sacrificateurs, etc., etc. Superbe ép.

107 **Lucas de Leyde.** Adam et Eve chassés du Paradis par un ange (B. 4). Très belle ép.

108 — La Conversion de saint Paul, pièce capitale et des plus rares de son œuvre (B. 107). Superbe.

109 **Maître anonyme**, sur bois. Sujets de la Passion, 10 p.

110 — Hérodiade apportant la tête de saint Jean. In-fol.

111 **Marc-Antoine Raimondi.** Adam et Eve (B. 1). Superbe ép. d'une des pièces les plus rares de l'œuvre, marge du cuivre. Collection T. L. très gr. déchirure

112 — Massacre des innocents (B. 20). Restauré et légèrement rogné.

113 — Notre-Dame à l'escalier (B. 45). Superbe ép. légèrement rognée.

114 — La Vierge, l'enfant Jésus, le petit saint Jean et deux anges (B. 50), par *Augustin Vénitien*. Très belle ép., la marge du cuivre. tachée d'huile

115 — Les cinq Saints, d'après *Raphaël*. Superbe ép. d'une des belles pièces de l'œuvre (B. 113).

116 — Sainte Cécile, dite au collier (B. 116). Quelques petites restaurations.

117 — Martyre de sainte Félicité (B. 117). Copie A. Trompeuse. Souvent confondue avec l'original, déchirure à gauche, recollée. Cabinet E. Durand.

118 — Le Triomphe, dit *Tito* (B. 213). Copie d'une des plus rares pièce du maître.

119 — La Parnasse, d'après *Raphaël* (B. 247), une des plus belles et de la plus grande réputation. Très belle ép. avec une petite marge.

120 — La Bacchanale (B. 248). Extrêmement rare, belle ép.

121 — Le jeune et le vieux Bacchant (B. 294). Superbe ép. — et une ép. moderne avec changements. 2 p.

122 — Vénus et Vulcain entourés d'Amours (B. 349), par *Augustin, Vénitien*, d'après *Raphaël*, avant *Ant. Sal. ex.*

123 — Triomphe de Galathée, d'après *Raphaël* (B. 250). C'est une des belles pièces rares de l'œuvre.

124 — L'Homme aux deux trompettes (B. 356). Très belle ép. des plus estimées des petites pièces.

125 — Trajan entre la ville de Rome et la Victoire qui le couronne (B. 361). C'est une des plus belles et des plus estimées de l'œuvre.

126 — Les deux Femmes au Zodiaque (B. 397), d'après *Raphaël*. Belle ép.

127 — La Peste, dite *Morbetto* (B. 417), d'après *Raphaël*. Superbe ép.

128 — Angélique et Médor (B. 484). Très belle ép.

129 — La Femme debout et le Guerrier assis. Très belle ép. avec restaurations.

130 **Masson.** Jésus et ses disciples à Emaüs (dite la Nappe). Grand in-fol. d'après *Titien*. Très belle ép.

131 **Mellan.** La face de Jésus-Christ faite d'une seule taille.

132 **Miele** (Jean). Le Siège de Mastricht, par Alexandre de Parme, 1579 (B. 4). — La Prise de Mastricht (B. 5). — La Prise de la ville de Bonn, par le prince de Chimay en 1588 (B. 6). 3 p. in-fol. Très belles.

133 **Ostade** (Adrien Van). Paysan avec une petite toque noire (B. 1). — Paysanne qui rit (2). — Paysan qui rit (4). — Le Fumeur, planche ovale (5). — La Tendresse champêtre (11). — Le Coup de couteau (18). — Gueux au dos courbé (20). — Le Joueur de violon bossu (44). 8 p. Belles ép. montées sur la même feuille.

134 — Le Fumeur riant (B. 6). — L'École (17). — Le Fumeur et le Buveur (24 *a*). — La Dévideuse à la porte de sa maison (25). — Le Savetier (27). — L'Émouleur (36). 6 p. Belles ép., montées sur la même feuille.

135 — Le Vielleur (B. 8). — La Chanteuse (30). — Le Père de famille (33). — Le Bénédicité (34). — Les deux Commères (40). — Le Charcutier (41). 6 p. Belles ép. montées sur la même feuille.

136 — L'Homme appuyé sur le bas de sa porte (9). — La Poupée demandée (16). — Homme et femme marchant ensemble (24). — Trois Figures grotesques (28). — La Famille (46). 5 p. Belles ép. montées sur la même feuille.

137 — Le Fumeur à la fenêtre (B. 10). — Les Pêcheurs (26). 2 p. Belles ép. montées sur la même feuille.

138 — Les Harangueurs (B. 19). — La Fileuse (31). 2 p. Belles ép. montées sur la même feuille.

139 — Gueux debout, les mains derrière le dos (B. 21). — Gueux enveloppé d'un manteau (22). — Le Marchand de lunettes (29). — Le Trictrac (39). — Le Paysan payant son écot (42). — La Fête sous le grand arbre (48). 6 p. Belles ép. montées sur la même feuille.

140 — La Grange (B. 23). — Le Peintre (32). 2 p. Belles ép. montées sur la même feuille.

141 — Le Charlatan (B. 43). — Le Violon et le petit Vielleur (45). — Buste d'homme coiffé d'un bonnet fourré orné de plumes, par *Schmidt.* — Marchand de mort aux rats, petite tête de profil, 4 p. Belles ép. montées sur la même feuille.

142 — La Danse au cabaret, pièce capitale du maître (B. 49). Belle ép.

143 **Ostade** (d'après). La Danse au cabaret, in-fol. Superbe ép. par *Suyderhoef.*

144 — La Dispute des Joueurs qui tiennent des couteaux, in-fol. par *Suyderhoef.* Superbe.

145 **Picart** (Bernard). Marie Stuart décapitée en 1587. — Charles Ier, décapité en 1649. — La lettre D. On abbat la statue de Charles Ier. — La lettre H. Les soldats massacrent la jeune reine Voadicé. 4 p. Superbes.

146 **Potter** (Paul). Le Taureau (B. 1). — La Vache debout près de celle qui est couchée (2). — La Vache couchée près de la barrière de quatre planches (3). — La Vache qui pâture (4). — La Vache avec la corne crochue en devant (5). — La Vache qui pisse (6). — Les deux Bœufs qui se battent (7). — Les deux Vaches vues par derrière (8). Superbe suite de 8 p. avec *Clément de Jonghe.*

147 — La même suite, copies imprimées, 4 à la feuille, assez trompeuses.

148 — Le Vacher (B. 14). Superbe ép., la planche coupée. — L'Ane et son maître, jolie petite pièce, par *Diepenbeck*. Superbe ép. 2 p. montées sur la même feuille.

149 — Le Berger (B. 15). Pièce capitale. Superbe ép., papier aux armes.

150 **Rembrandt**. Son portrait aux cheveux crépus, sans année (B. 1). — Son portrait aux trois moustaches (B. 2). — Paysan les mains derrière le dos (B. 135). — Gueux debout (B. 163). — Gueux à manteau déchiqueté, rare (B. 167). — Tête d'homme chauve (B. 294). — Tête grotesque (B. 326). — Tête de la mère de Rembrandt (B. 352). — Tête de femme (B. 358). 9 p. Très belles, montées sur la même feuille.

151 — Portrait de Rembrandt au manteau riche (B. 7). Vieille femme coiffée à l'orientale (B. 348). 2 p. superbes, montées sur la même feuille.

152 — Rembrandt avec l'écharpe autour du cou (B. 17). — Rembrandt au bonnet orné d'une plume (B. 20). 2 p. Très belles, montées sur la même feuille.

153 — Rembrandt tenant un sabre (B. 18). — Vieillard à grande barbe et bonnet fourré (B. 262). — Homme à barbe courte et bonnet fourré (B. 263). 3 p. superbes, montées sur la même feuille.

154 — Rembrandt et sa femme (B. 19). — Jeune homme assis et réfléchissant (B. 268). — Vieillard à barbe carrée (B. 313). 3 p. superbes, montées sur la même feuille.

155 — Rembrandt et sa mère (B. 19). Très rare ép. faite au moyen d'un cache. — Le Cochon (B. 157). — Vieillard à grande barbe et tête chauve (B. 291). 3 p. Très belles, montées sur la même feuille.

156 — Rembrandt dessinant (B. 22), avant-dernier état. Superbe ép. — Janus Silvius (B. 266). Très belle ép. 2 p. montées sur la même feuille.

157 — Adam et Eve (B. 28). 1er état avec le reflet sur la cuisse droite d'Eve. — Abraham avec son fils Isaac (B. 34). 2 p. Superbes ép. montées sur la même feuille.

158 — Agar renvoyée par Abraham (B. 30). — La Samaritaine (B. 71). — La Coupeuse d'ongles (B. 127). 3 p. Superbes ép., montées sur la même feuille.

159 — Abraham caressant Isaac (B. 33). — Circoncision (B. 48). — Jésus Christ en croix (B. 80). — 3 petites pièces très fines. Superbes ép montées sur la même feuille.

160 — Joseph racontant ses songes devant sa famille (B. 37). Superbe et rare ép. du 1er état.

161 — Joseph racontant ses songes devant sa famille (B. 37). Superbe ép. 1er état. — Baptême de l'Eunuque (B. 98). — Le petit Orfèvre avec marge (B. 123). 3 p. superbes, montées sur la même feuille.

162 — Jacob pleurant la mort de son fils Joseph (B. 38). — Retour d'Egypte (B. 60). — Les disciples d'Emmaüs (B. 88). 3 p. superbes, montées sur la même feuille.

163 — Le Triomphe de Mardochée (B. 40). Très belle ép. avec marge.

164 — L'Ange qui disparaît devant la famille de Tobie (B. 43). — Vieillard à barbe carrée (B. 313). — Griffonnements où se voit la tête de Rembrandt (B. 363). 3 p. Très belles ép. montées sur la même feuille.

165 — L'Annonciation aux bergers (B. 44). Superbe.

166 — La Circoncision (B. 47). — La Vierge et l'enfant Jésus sur des nuages (B. 61). — Petite résurrection de Lazare (B. 72). 3 p. Très belles, montées sur la même feuille.

167 — Fuite en Egypte (B. 53). — Repos en Egypte au trait, très rare (B. 58). — Saint Jérôme (B. 100), avec marge. 3 p. Très belles, montées sur la même feuille.

168 — Jésus disputant avec les docteurs de la loi (B. 65). Très belle ép.

169 — Jésus prêchant, ou la petite tombe (B. 67). 2e état, très rare, superbe.

170 — Le denier de César (B. 68). — Le martyre de Saint-Étienne (B. 97). — La faiseuse de Kouk's (B. 124). 3 p. Très belles montées sur la même feuille.

171 — Jésus chassant les vendeurs du Temple, (B. 69). Superbe ép.

172 — Jésus et la Samaritaine, pièce cintrée (B. 70) marge, et deux portraits d'hommes, l'un avec grand chapeau, l'autre avec aigrette, celui-ci rogné. 3 p. très belles, montées sur la même feuille.

173 — Jésus-Christ guérissant les malades, (dite la pièce de cent florins) (B. 74). Très belle ép. papier du Japon, marge.

174 — Jésus présenté au peuple, grande pièce en largeur (B. 76), dernier état très rare, la planche ayant été brisée.

175 — L'*Ecce Homo*, grande et belle pièce, très estimée et rare. (B. 77). Superbe ép.

176 — La descente de Croix, grande et belle pièce, (B. 81). Superbe ép. avant l'adresse de Henri Vlenbug.

177 — Le bon Samaritain (B. 90). Superbe ép. 1er état, le cheval a la queue blanche, marge.

178 — Le même, copie très trompeuse de Savry, 1er état. Superbe ép. avant le nom, elle est copiée sur le 3e état.

179 — Pierre et Jean à la porte du Temple (B. 94). — Homme à cheval (B. 139). — Gueux debout (B. 177). 3 p. très belles, montées sur la même feuille.

180 — La mort de la Vierge, grande et belle pièce, (B. 99). Superbe ép.

181 — Saint-Jérôme, au gros tronc d'arbre (B. 103). Superbe ép, avec le nom.

182 — Saint-Jérôme, pièce non terminée, avec un gros lion (B. 104). Superbe et première épreuve avec manière noire sur la tête du lion, etc.

183 — La fortune contraire (B. 111). Superbe ép. avec une petite marge.

184 — La Médée, ou le mariage de Jason et de Creuse (B. 112). Superbe ép. avant-dernier état.

185 — Les musiciens ambulants (B. 119). — Le vendeur de mort aux rats (B. 121). 2 p. Très belles ép. montées sur la même feuille.

186 — Le vendeur de mort aux rats (B. 121). Très belle ép.

187 — Synagogue des Juifs (B. 126) marge. — Tête d'homme chauve de profil (B. 292). — Vieille qui dort (B. 350, marge. 3. p. superbes, montées sur la même feuille.

188 — Figure d'un vieillard à courte barbe (B. 151). — Le Persan (B. 152). — Gueux debout — (B. 162). 3 p. Très belles montées sur la même feuille.

189 — Gueux assis sur une motte de terre (B. 174). — Le même, copie très trompeuse. — Étude de six têtes, au milieu desquelles est le portraitde la femme de Rembrandt (B. 365). 3 p. Superbes montées sur la même feuille.

190 — Mendiants à la porte d'une maison (B. 176). Superbe.

191 — Le dessinateur d'après le modèle (B. 192). Très-belle ép. d'une pièce qui n'a jamais été terminée.

192 — Antiope et Jupiter en Satyre (B. 203). Superbe ép. avant l'inscription *Jupyn, als hy ont fluit*, etc., de la collection Donadieu.

193 — Vue ancienne d'Amsterdam (B. 210). Très belle ép. Rare. Collection. R. H.

194 — Paysage aux trois arbres (B. 212). Superbe ép. d'un des plus beaux paysages et des plus finis de l'œuvre, papier à la folie, de la plus belle condition avec deux millimètres de marge, extrêmement rare.

195 — Le paysage aux trois chaumières (B. 217). Superbe épreuve sur chine, très chargée de manière noire, très rare.

196 — La chaumière et la grange à foin (B. 225). Superbe ép. avec une petite marge, rare.

197 — La chaumière au grand arbre (B. 226). Très belle ép. rare.

198 — Vieillard à barbe carrée (B. 265). — Seconde tête orientale, de profil, (B. 287). 2 p. très belles, montées sur la même feuille.

199 — Vieillard à barbe carrée (B. 265). — Trois têtes de femmes, dont une qui dort (B. 368). 2 p. Superbes montées sur la même feuille.

200 — Vieillard à barbe carrée, (B. 265). — Trois tête de femmes, dont une qui dort, (B. 368). 2 p. très belles, avec marge, montées sur la même feuille.

201 — Renier Ansloo (B. 271). C'est un des plus beaux et des plus finis du maître, superbe. — Jean Lutma (B. 276). Sur chine, 1re ép. de la plus grande rareté, avant la fenêtre et les noms de Lutma et de Rembrandt, superbe. Le petit coin du bas à gauche est enlevé. 2 p. montées sur la même feuille.

202 — Clément de Jonge, marchand d'estampes (B. 272). — Wtenbogardus (B. 279). 2 p. superbes, montées sur la même feuille.

203 — Abraham France, grand amateur d'estampes (B. 273). Très belle ép.

204 — Jean Lutma orfèvre (B. 276). Superbe ép. papier du Japon, marge.

205 — Jean Asselin, peintre célèbre, surnommé Crabbetje (B. 277). Très belle ép. marge.

206 — Ephraïm Bonus, médecin juif (B. 278). C'est un des plus beaux portraits du maître, très rare, superbe.

207 — Jean Sylvius (B. 280). Très belle ép. très rare, la planche entière avec les vers.

208 — Utenbogaerd, le peseur d'or ou le banquier (B. 281). Superbe ép. sur papier épais, belle pièce rare.

209 — Le bourguemaître Six (B. 285). Superbe portrait, de la plus grande rareté, avec une petite marge.

210 — Tête d'homme de face (B. 304). — Homme faisant la moue (B. 308). — Vieillard à grande barbe blanche (B. 309). — Tête de la mère de Rembrandt (B. 354). 4 p. très belles, montées sur la même feuille.

211 — Homme à moustaches relevées et assis (B. 321). — La petite mariée juive (B. 342), rognée. — Buste de la mère de Rembrandt, superbe (B. 349). 3 p. montées sur la même feuille.

212 — La grande mariée juive (B. 340). Superbe ép. rognée

213 **Ruysdael** (Jacques). Le champ de blé bordé d'arbres (B. 5). — Le bouquet de trois chênes (B. 6). 2 p. Très belles.

214 **Schaufelein** (Hans). Seigneur assis entre deux dames (B. 96). In-fol. sur bois.

215 **Schmidt** (George Friderich). Son portrait par lui-même. Superbe ép. avec l'araignée à la fenêtre, marge.

216 — Loth et ses filles, d'après *Rembrandt*. Superbe ép., petite marge.

217 — Tobie et sa femme d'après *Rembrandt*. Superbe ép., marge.

218 — Présentation au temple d'après *Dietrich*. Superbe ép.

219 — Jésus ressuscitant la fille de Jaïre, d'après *Rembrandt*. Superbe ép.

220 — La Vierge, Jésus et le petit Saint Jean, d'après *Van Dych*. Superbe ép.

221 — Anchise dans une grotte, après l'embrasement de Troie, d'après *Rembrandt.* — Saint Pierre après le reniement de son maître, d'après *F. Bol.* 2 p. superbes montées sur la même feuille.

222 — Le fumeur et le buveur, d'après *Ostade.* Superbe.

223 **Schongauer** (Martin). La Passion de Jésus-Christ.

— Jésus à la montagne des Oliviers (B. 9).
— La prise de Jésus-Christ (10).
— Jésus devant le grand-prêtre (11).
— La flagellation (12).
— Le couronnement d'épines (13).
— Jésus-Christ devant Pilate (14).
— Jésus présenté au peuple (15).
— Le portement de croix (16).
— Le crucifiement (17).
— La sépulture (18).
— La descente aux limbes (19).
— La résurrection (20).

Ces 12 p. sont de la plus grande beauté.

224 — La mort de la Vierge (B. 33). Superbe ép. avec quelques restaurations.

225 — La crosse (B. 106). Pièce très rare, les parties blanches du papier ont des restaurations. Superbe ép. du cabinet Revil.

226 — L'encensoir (B. 107). Superbe ép. rare.

227 **Schuppen** (Van). Sainte famille d'après *Bourdon*, avant les changements, superbe. — La même, très belle ép. avec les changements, 2 p. in-fol.

228 **Siedel** ou Schedel (Hartman) 1460. Dieu couronnant la Vierge et autre. 2 p. sur bois.

229 **Suyderoef.** La Paix de Munster, d'après *Terburg*. Grand in-fol. Très belle ép.

230. **Swanevelt** (Herman). Fuite en Égypte (B. 97). Le texte du bas coupé. — (98). Très-belle ép. avec *excudit*, 2 p.

231. **Teniers** (David) *fecit*. Grande réunion de paysans qui boivent, au milieu un paysanet sa femme dansent au son de la musette. Eau-forte petit in-fol. en travers. Superbe ép. rare.

232. **Teniers** (d'après). Magicien lisant, entouré de figures fantastiques. Superbe eau-forte avant toute lettre. (*La lecture diabolique*).

233. **Van de Velde** (Adrien). Suite de 10 p. Le vacher et le taureau (B. 1). — La vache couchée (2). — Les trois bœufs (3). — Les deux vaches et le mouton (4). — Les trois vaches (5). — Le bœuf dans l'eau (6). — Le cheval (7). — Le veau (8). — Les chiens (9). — Les chèvres (10). Superbes ép. avec une petite marge.

234 — La vache et les deux moutons au pied d'un arbre (B. 11). — Le Bœuf Pie et les trois moutons (B. 12). 2 p. Superbes ép. vrais chefs-d'œuvre du maître. Très rares.

235 — Les deux vaches au pied d'un arbre (B. 13). — La brebis (14). — Les deux moutons (15). 3 p. montées sur la même feuille. Superbes ép. des chefs-d'œuvre du maître.

236 **Visscher** (Corneille). La fricasseuse ou faiseuse de Kouck. Très belle ép. avant l'adresse de *Clément de Jonghe* (Basan 14).

237 — Le Joueur de vielle ou les musiciens ambulants, (Basan 15). Superbe ép.

238 — Le vendeur de mort aux rats. Superbe ép. avec *Clément de Jonghe* (Basan 16).

239 — La Bohémienne. Très belle ép. avec *Clément de Jonghe* (Basan 17).

240 — Tête de femme d'après *Parmesan*. In-fol. Très belle ép.

241 **Vliet** (J.-G. van) 1631. Loth et ses filles, d'après *Rembrandt*. Magnifique ép., petite marge (B. 1).

242 — L'arracheur de dents (B. 53). — Le marchand de mort aux rats (B. 55). 2 p. superbes, montées sur la même feuille.

243 **Vorsterman**. Le coup de Fléau, d'après *P. Bruegel*. Grand in-fol. Très belle ép.

244 **Waterlo** (Antoine). La petite cascade (B. 5). — Le petit pont de bois tortueux (8). — Les deux hommes à la barrière (56) — La chapelle avec l'escalier (51). — L'entrée du bois entouré d'une haie (55). 5 p. belles ép.

245 — Les deux vaches dans le bac (B. 26). — Le bois dans la rivière (57). — Le village au bord du canal (91). — Les deux ermites. (47). — Les deux chaumières au pied de la haute montagne (76). 5 p. belles ép.

246 — L'Anier (B. 48). — L'arbre crû de biais (58). — Le pont de planches (52). — L'entrée du bois entouré d'une haie (55). 4 p. belles ép.

247 — Les deux voyageurs dans le bois (B. 33). — la maison garnie de verdure, au bord de la rivière (54). — Le village au bord du canal (91), Les deux chemins au ruisseau (89). — Vue d'une ville de Hollande (90). 5 belles ép.

248 — Les deux chemins au ruisseau (B. 89). — De village sur la colline (92) — Le moulin à eau au pied d'une montagne (94) et autre. 4 p. belles ép.

249 — L'entrée dans la forêt par le petit pont de bois (B. 107). Superbe ép. papier à la folie.

250 — L'homme et la femme traversant le ruisseau (B. 109). Papier à la folie.

251 — Le voyageur en repos dans la forêt (B. 111). Superbe ép. papier à la folie.

252 — Le grand tilleul devant l'auberge (B. 113). Superbe ép. papier aux armes.

253 — La ferme au bord de l'eau (B. 116). Superbe ép.

254 — Le moulin (B. 119). Superbe ép.

255 — Le chien buvant dans le ruisseau (B. 120). Très belle.

256 — Le petit bossu, (B. 121). Très belle ép.

257 — La mère et les trois enfants en repos (B. 122). Très belle.

258 — Les deux voyageurs en repos dans le bois (B. 123). Très belle ép.

259 — Le petit pont traversant le ruisseau, (B. 124). Très belle ép.

260 **Wouwermans.** Le cheval. Superbe ép. d'une pièce de la plus grande rareté. — La vache couchée près de celle qui est debout, par *Berghem* (B. 13). Très belle ép. avant l'inscription. 2 p. montées sur la même feuille.

261 **Wyck** (Thomas). Les joueurs, (B. 2). — La couseuse (3). — Le mendiant qui danse (11). — Le mendiant mangeant du raisin (12). — Les cuisinières près du puits (13). — La femme portant deux paniers (14). 6 p. très belles, montées sur la même feuille.

262 — L'homme ajustant sa chaussure, (B. 4). — La fileuse et le forgeron (6). — La colonnade (8). 3 p. montées sur la même feuille, très belles ép.

263 — La tour ronde, (B. 7). — La forge (9). — Le puits (10). — Le marchand oriental (15). Les matelots occupés sur le rivage (17). — La fileuse près du pêcheur (18). 6 p. très belles, montées sur la même feuille.

264 **Zeeman** (Reinier). Den Ouertoom. — Marine 2 p. très belles.

265 — Portes de ville d'Amsterdam, (B. 120 à 126). 7 p. très belles.

ESTAMPES MODERNES

AVANT LA LETTRE

266 **Allais** (J.-A.). La Leçon d'Henri IV, grand in-fol. d'après *Fragonard*. Superbe ép. avant la lettre, sur chine, toute marge. Société des amis des arts.

267 **Anderloni**. Moïse défendant contre les bergers les filles de Jéthro, grand in-fol. Superbe ép. avant la lettre, marge, a été encadré.

268 — Vierge et Jésus adorés par deux anges, grand in-fol. d'après *Titien*. Superbe ép., toute marge.

269 — La Femme adultère, grand in-fol., avant toute lettre, marge, a été encadré.

270 **Balechou**. Le Calme. — Les Baigneuses, 2 p. d'après *J. Vernet*. In-fol.

271 — La Tempête d'après *J. Vernet*. Superbe ép., avec le mot Compagine. In-fol.

272 — Le même avec le mot Compagnie. Très belle ép. avant les raies sur le texte, imprimée des deux côtés de la feuille.

273 **Bervic.** Saint Jean-Baptiste, petit in-fol. d'après *Raphaël*, Superbe ép. avant la lettre, marge.

274 — Groupe du Laocoon. Superbe ép. d'artiste, le nom de *Bervic* à la pointe; au milieu, en bas, belle marge, état très rare.

275 — Éducation d'Achille. In-fol., Superbe ép. avant la lettre, d'après *Regnault*. sur chine volant, grande marge.

276 — Enlèvement de Déjanire d'après *le Guide*. Superbe ép. avant la lettre, marge, a été encadré.

277 **Boissieu** (J.-J. de). Grande vue de Lyon. Superbe ép. avant toute lettre, sur chine. Très grand in-fol., marge.

278 — La grande Forêt, très grand in-fol. Superbe ép. ancienne, papier vergé, marge.

279 **Bonato** (P.). La Sacra famiglia, in-fol. d'après *Correge*. Superbe ép., marge.

280 **Burnet** (J.). La Lecture du testament. Grand in-fol, d'après *D. Wilkie*. Superbe ép. avant la lettre, sur chine, toute marge, dédicace signée.

281 **Calamatta**. Le Vœux de Louis XIII, d'après *Ingres*, grand in-fol. Superbe ép. avant la lettre, sur chine, toute marge.

282 **Chatillon** (H.-G.). Offrande à Esculape, in-fol, d'après *Guérin*. Superbe ép. avant la lettre, marge.

283 **Claessens.** La Femme hydropique, d'après *Gérard Dow*. Superbe ép. grand in-fol., avant la lettre, sur chine. Très grande marge.

284 **Claude Lorrain** (D'après). Marine au lever du soleil, grand in-fol. par *Mason*, avant la lettre. Très belle ép., marge.

285 **Clemens** (I.-F.). Mort du général Montgomery d'après *Trumbull*, lettre grise, très grand in-fol. Très belle ép., a été encadrée, petite marge.

286 **De Frey** (J.). Présentation au temple, d'après *Rembrandt*, in-fol. Superbe ép. sur chine, lettre blanche, marge.

287 — La Famille de *Gérard Dow*, in-fol, avant la lettre. Superbe ép., toute marge.

288 **Demarcenay.** Van Dyck. — Le Vieillard atrabilaire. 2 p. in-8 avant la lettre. Superbes ép., marge.

289 — Jeune Seigneur et sa femme, d'après *Rembrandt*, petit in-fol. en travers. Superbe ép., marge.

290 — La Dame aux perles. — Vieillard à la Toque. 2 p. in-8. Superbes ép. avant toute lettre et avec les paysages, marge.

291 — Le Château de Cartes, d'après *Chardin*, in-8 en travers. Superbe ép., marge.

292 — Petits Paysages longs. 4 p. sur deux feuilles. Superbes ép. avant la lettre, marge.

293 — Très petits et petits Paysages, buste d'homme avec bonnet fourré. 6 p. Superbes.

294 — L'Étonnement. — L'Effroy. — Femme coiffée en cheveux et paysages. 5 p. Superbes.

295 — L'Amour fixé, d'après *Ch. Le Brun*, in-fol. Superbe ép. avant la lettre, marge.

296 — La Fleuriste, d'après *Gérard Dow*. Superbe ép. avant la lettre, in-fol., marge.

297 — La Bataille, in-fol, d'après *Parrocel*. Superbe ép. avant la lettre, marge.

298 — Paysage avec fabriques, 1756, d'après *Vernet*. Superbe ép. in-fol., marge.

299 — Le Ciel se couvre, hâtons-nous, d'après *Van Uden*. Superbe et rare ép. d'eau-forte pure.

300 — La même terminée avec la lettre. Superbe ép. in-fol., grande marge.

301 — Commencement d'orage. Superbe ép. d'après *Rembrandt*, avant la lettre, in-fol. grande marge.

302 — Le Testament d'Eudamidas, in-fol., d'après *Poussin*. Superbe ép. avant la lettre, marge.

303 — Tobie recouvrant la vue, d'après *Rembrandt*. Superbe et rare ép. d'eau-forte pure, petite marge.

304 — La même, terminée, magnifique ép. avant la lettre, marge.

305 — Regulus retournant à Carthage, in-fol. Superbe ép. avant toute lettre, marge.

306 **Desnoyers** (Baron Auguste Boucher). La belle Jardinière de Florence, d'après *Raphaël*, in-fol. avant la lettre, sur chine. Superbe ép., toute marge.

307 — La Transfiguration, d'après *Raphaël*, très grand in-fol. en deux planches. Superbe ép., avant toute lettre, sur chine, toute marge,

308 — La Vierge de Dresde dite de Saint-Sixte, grand in-fol. avant lal ettre, sur chine. Superbe ép., toute marge.

309 — Bélisaire d'après *Gérard*, in-fol. Superbe ép. avant la lettre, petite marge, a été encadré.

310 — Les Muses et les Piérides d'après *Perin del Vaga*, grand in-fol. Superbe ép., lettre grise sur chine, toute marge.

311 — Phèdre et Hippolyte, d'après *Guérin*, grand in-fol. Superbe ép. avant la lettre, toute marge.

312 — Souvent femme varie : François Ier et sa sœur, grand in-fol. d'après *Richard*. Superbe ép., lettre grise, toute marge.

313 **Dominiquin?** (d'après). Saint Jean, évangéliste, tenant une plume pour écrire sur un livre tenu par un ange. Superbe ép. in-fol., avant toute lettre, toute marge.

314 **Ducis?** (d'après). Louis XIV et Mlle Lavallière causant dans le parc, in-fol. Superbe ép. avant toute lettre, sur chine, toute marge.

315 **Duclos** de Lyon. Grand et beau Paysage. Sur le devant, à droite, un jeune garçon fait passer le gué à deux bœufs. Superbe ép. sans aucun nom, sur papier brun, réhaussé de blanc, pièce capitale.

316 — Chevaux, Chiens et Bestiaux à l'eau-forte 14 p. Superbes et premières ép.

317 **Folo** (J.). La Cène d'après *Léonard de Vinci*, très grand in-fol. Eau-forte pure, très rare.

318 — La même terminée. Superbe ép. avant la lettre, toute marge.

319 **Forster** (F.). Didon, d'après *Guérin*, grand in-fol. lettre blanche (88), sur le timbre de Forster. Superbe ép., toute marge.

320 **Gandolfi**. Le Saint Jérôme d'après *Correge*, avec la Vierge tenant l'enfant Jésus, Sainte et Anges, composition magnifique, grand in-fol. Superbe ép., lettre grise sur chine, toute marge.

321 **Gérard pinxit**. Bataille d'Austerlitz, petit in-fol. avant la lettre, toute marge, *Gérard pinxit* à la pointe en bas au milieu.

322 **Gessner** (Salomon). Paysage rocheux, deux personnes vont passer un gué. — Source d'une rivière tombant en trois cascades, deux figures dont une assise sur un rocher. 2 p. in-4. Très belles ép.

323 **Girardet**. La Cène d'après *Champagne*, in-fol. Très belle ép. avant toute lettre, toute marge.

324 — La Transfiguration, d'après *Raphaël*, in-fol., peut-être pas entièrement terminée. Superbe ép. avant toute lettre, toute marge.

325 **Grobon** (J.-M.) *del. et sculp.* Vue de Lyon. Très belle ép., chine volant.

326 **Hubert.** Adoration des Bergers, d'après *Murillo*. Grand in-fol. avant la lettre.

327 **Ingouf.** *Junior* et *Audouin*. Saint Barthélemy, d'après *Ribera*. Très belle ép. avant la lettre, in-fol., marge.

328 **Klein** (J.-A.). Quatre artistes réunis dans la Campagne dont Klein qui dessine. Belle eau-forte, petit in-fol.

329 — Kosaques du Don, et chariots divers, Hongrois, etc., 6 eaux-fortes. Très belles ép.

330 — Paysan, Chiens, Chevaux, Chameaux et Dromadaires, Buffles hongrois, etc., 7 eaux-fortes, très belles ép.

331 **Laugier.** Sainte famille au mouton, d'après *Léonard de Vinci :* Sainte Anne, la Vierge et l'enfant Jésus qui joue avec un mouton, grand in-fol. Superbe ép. avant la lettre, sur chine, toute marge.

332 **Lignon.** Buste du Christ au roseau, d'après *Le Guide*, in-fol. Superbe ép. avant la lettre, toute marge.

333 — La Vierge au poisson, d'après *Raphaël*, in-fol. Superbe ép. avant la lettre, toute marge.

334 **Longhi.** Sainte famille, d'après *Raphaël*. nunc ego mitto te aperire oculos corum, in-fol. Superbe ép., lettre blanche, toute marge.

335 **Longhi?** Sainte famille, le petit saint Jean présente à l'enfant Jésus qui n'est qu'au trait une banderole avec *ecce agnus Dei*. Superbe ép., in-fol non terminée, avant toute lettre, toute marge.

336 **Lorichon** (C). Mariage mystique de Sainte Catherine, d'après *Correge*, in-fol. Très belle ép., toute marge.

337 **Luini ?** (d'après). Naissance de Jésus, la Vierge et Saint Joseph en prière, un ange joue du violon, l'enfant Jésus et un ange sont encore tout blanc. Superbe ép. in-fol., toute marge.

338 **Lutz** (P.). Vierge et Jésus, adorés par quatre Saints, d'après *Correge*. Très grand in-fol. avant la lettre, sur chine, toute marge. Superbe ép.

339 **Malbeste** 1809. L'Ange disparaissant devant Tobie, d'après *Rembrandt*. Superbe ép. in-fol. avant la lettre, avec la petite figure dansant, à la pointe dans la marge du bas, grande marge.

340 **Masquelier**. La Charité romaine ou Cimon nourri par sa fille, in-fol., d'après *Vicar*. Superbe ép. avant la lettre, sur chine, toute marge.

341 **Massard** (R. U.). Atala, d'après *Girodet*, grand in-fol. Superbe ép. avant la lettre, toute marge.

342 — Hippocrates refusant les présents d'Artaxerces, d'après *Girodet*, grand in-fol. Superbe ép. avant la lettre, petite marge a été encadrée.

343 — La mort de Socrate, d'après *David*, grand in-fol. Superbe ép. avant la lettre, grande marge.

344 — Enlèvement des Sabines. — Leonidas aux Thermopiles, par *Laugier*, 2 p. très grand in-fol. d'après *David.* Superbes ép. avant la lettre. sur chine, marge, ont été encadrées.

345 — Homère, in-fol., d'après *Gérard.* Superbe ép. lettre blanche, sur chine, toute marge.

346 **Migneret.** Pierre le Grand, d'après *Steuben*, grand in-fol. Superbe ép. lettre blanche, toute marge.

347 **Morel.** Belisaire, d'après *David*, très grand in-fol. avant la lettre, a été encadré.

348 — OEdipe, très grand in-fol. avant toute lettre. Superbe ép., toute marge.

349 **Morghen** (Raphael). Adoration des bergers, d'après *Raphael Mengs*, in-fol., avant la lettre. Très belle ép., petite marge.

350 — Sainte famille, d'après *Rubens*, in-fol., avant la lettre. Très belle ép., a été encadrée, petite marge.

351 — Parce Somnum Rumpere : La Vierge soutenant l'enfant Jésus qui dort, in-fol., d'après *Titien.* Superbe ép., avant toute lettre, toute marge.

352 — Parce Somnum Rumpere : La Vierge et l'enfant Jésus qui dort, in-fol., d'après *Titien.* Superbe ép., avec la lettre, toute marge.

353 — La Vierge à l'oiseau, d'après *Raphael*, in-fol. Superbe ép., avant la lettre, toute marge.

354 — Saint Jean Baptiste en pied, d'après *le Guide*, in-fol. Très belle ép., petite marge, a été encadré.

355. — Sainte Madeleine en prière, d'après *Murillo*. Superbe ép. in-fol., marge, a été encadré.

356. — Jésus Christ en jardinier apparait à la Madeleine, in-fol., d'après *Baroche*. Superbe ép., lettre grise, très grande marge.

357. — La Charité, in-fol., d'après *Corrége*. Très belle ép., a été encadrée.

358. — Les Anges offrant des présents à l'enfant Jésus dans la fuite en Egypte. — Le temps faisant dans les heures, 2 p. grand in-fol., d'après *N. Poussin*. Superbes ép., marge, lettre grise, ont été encadrées.

359. — Le Parnasse : Apollon et les Muses, avant toute lettre. — Diane et ses nymphes, d'après *Dominiquin*, 2 p. très grand in-fol. Superbes ép. avant la lettre, petites marges, ont été encadrées.

360. **Muller.** Sainte Cécile, d'après *Dominiquin*, in-fol. Superbe ép., avant toute lettre, marge.

361. — La Vierge à la chaise, d'après *Raphael*. Superbe ép. avant toute lettre, marge.

362. — La bataille de Bunkershill. Superbe ép., avant la lettre, très grand in-fol., marge, a été encadré.

363. **Musée Français.** Ecole italienne. Couronnement d'épines, d'après *Titien*, l'Enfant prodigue d'après *Spada* et autres d'après *Panini*, *Salvator Rosa*, etc. 6 p. in-fol. Très belles ép., avant la lettre, toute marge.

364 — École flamande, d'après *Berghem, Dujardin, van de Velde, Vouvermans*, etc. 6 p. avant la lettre et 2 avec, en tout 8 p. Très belles ép., toute marge.

365 — Paysages d'après *Rubens*, *Swanevelt*, *Wynants* et autres. 11 p., avant la lettre. Très belles ép., toute marge.

366 — Militaire faisant servir des raffraichissements à une jeune femme d'après *Metzu*. Officier offrant de l'argent à une jeune femme et autre d'après *Terburg*, 8 p. avant la lettre. Très belles ép., toute marge.

367 — D'après *Ostade*, le Fumeur et autre, d'après *Téniers*, Joueurs et Fumeurs, en tout 6 p. in-fol. Très belles ép., avant la lettre, toute marge.

368 — École française. Les religieuses, d'après *Champagne*. Mort de Saphire d'après *Poussin*, et autres d'après *Le Sueur*, 6 p. in-fol., avant la lettre. Très belles, toute marge.

369 — Paysage et marine d'après *Claude, Vernet* et autres. 14 p. in-fol. Très belles ép. avant la lettre, toute marge.

370 **Perfetti** (Ant.) 1825. Presentazione al Tempio d'après *Fra Bartolomeo*, in-fol. Superbe ép., lettre blanche, toute marge.

371 **Pfitzer**. Entrée d'Henri IV à Paris d'après *Gérard*, petit in-fol. Superbe ép., avant la lettre, sur chine, toute marge.

372 **Porporati**. Abraham renvoyant Agar. In-fol. avant la lettre, petite marge.

373 **Prévost** (Z.). Saint Vincent de Paul, présentant les enfants aux dames de la cour, d'après *Delaroche*, grand in-fol. Superbe ép. avant la lettre, sur chine, toute marge.

374 **Raimbach** (Abr.). Blind-man's Buff : le Colin-Maillard, grand in-fol. d'après *David Wilkie*. Superbe ép. sur chine, lettre blanche, toute marge.

375 **Raphael** (d'après). Sainte Famille, le petit saint Jean est à genoux devant la Vierge et l'enfant Jésus, saint Joseph seul est terminé. Superbe ép., in-fol., toute marge.

376 **Richomme.** Adam et Eve d'après *Raphael*, in-fol. Superbe ép., avant la lettre, les noms d'artistes à la pointe, petite marge, a été encadré.

377 — Neptune et Amphitrite, d'après *Jules Romain*, in-fol. Superbe ép. avant la lettre, les noms d'artistes à la pointe, petite marge, a été encadré.

378 — Sainte Famille d'après *Raphael*, *Richomme del. et sculp.* 1822, à la pointe, rare et superbe ép. d'artiste, petite marge, a été encadré.

379 — Daphnis et Chloé : Chloé dort appuyée sur les genoux de Daphnis qui forme une couronne, grand in-fol. Superbe ép., avant toute lettre, sur chine, toute marge.

380 — Henri IV et ses enfants recevant l'ambassadeur, grand in-fol., d'après *Ingres*. Superbe ép., avant la lettre, sur chine, toute marge (48) sur le timbre de Richomme.

381 **Sharp** (W.). Les Pères de l'église, d'après *le Guide*, grand in-fol., avant la lettre, marge.

382 — Sortie de la garnison de Gibraltar, 1781, d'après *Trumbull*, très grand in-fol., lettre blanche. Très belle ép., marge, a été encadré.

383 **Sixdeniers.** Properzia de Rossi, d'après *Ducis*, in-fol. Superbe ép., avant la lettre, toute marge.

384 **Smith** et **Robinson**. The Tempting présent ou le commissionnaire tenté, in-fol. d'après *Woodward*. Très belle ép., toute marge.

385 **Stewart** (James). Circassian captives, d'après *W. Allan*, grand in-fol., lettres blanches. Superbe ép., sur chine, toute marge.

386 **Stolzel** del. et sculp. 1831. Les apôtres au tombeau de la Vierge, la voyant au ciel couronnée par Jésus Christ. Superbe ép., avant toute lettre, in-fol., marge.

387 **Vernet** (d'après H.). Le Trompette mort, par Charles *Johannot*. — Le Chien du régiment, par *Le Comte*, 2 p. très grand in-fol. Superbes ép. avant la lettre, sur chine, toute marge.

388 **Wille** (J. G.). Abraham recevant Agar, in-fol. d'après *Dietricy*. Très belle ép. avant toute toute lettre et avant les armes, marge.

389 — Repos de la Vierge, d'après *Dietricy*, grand in-4. Superbe ép. avant la dédicace.

390 — Sœur de bonne femme de Normandie, in-4. Très belle ép., avant toute lettre, avec la bordure.

Texier 29 391 — La Tante de Gérard Dow, in-4, avant la lettre, avec les armes et la couronne de comte. Très belle ép., grande marge. Hazard 20

Meder 40 392 — L'Observateur distrait, grand in-4, d'après *Mieris*. Superbe ép., marge. Lind 21

DD 46 393 — La Ménagère hollandaise, in-4, d'après *Gérard Dow*. Superbe ép. avant toute lettre, rare. Lind 24 Hazard 20

Texier 53 394 — La Tricoteuse hollandaise, d'après *Mieris*, in-fol. Très belle ép. avant la lettre. Hazard 20 Dauman 31

DD 155 395 — Le Concert de famille, d'après *Schalken*, in fol. Superbe ép. avec les armes de Christian VII mais avant toute lettre, rare. Lind 35 Hazard 60

DD 51 396 — Les offres réciproques avec les armes, la lettre mais avant la dédicace. Superbe ép., les armes sont celles du prince Czartoryski. Hazard 40

DD 59
397 — La petite Écolière, in-4. Superbe ép. avant toute lettre et avant les armes, d'après *Schenau*, très grande marge. Lind 16 Hazard 20

398 — La Maîtresse d'école, d'après *Wille* fils, in-4, avant toute lettre et avant les armes, très grande marge. Hazard 15 Roger

Meder 23 399 — La petite Écolière. — La Maîtresse d'école, 2 p. Superbes ép. avec la lettre, très grandes marges. Lind 21 Hazard 15 Lanenquin 12

DD 33 400 **Woollett.** Sacrifice. Paysage d'après *Claude Lorrain*, in-fol. Très belle ép. avant la lettre, les noms d'artiste à la pointe, petite marge. Lind 10

Vig 45 401 — Les Édifices romains en ruines, avant et avec la lettre, 2 p. in-fol. d'après *Claude Lorrain*. complètement éreintée Lind 18 Gilman 200 Herman 20

402 — Morning. — Evening, 2 p. in-fol. d'après *Swaneveldt.* Très belles ép.

403 — Apollon et les Saisons, in-fol. d'après *Wilson.*

404 — Céladon and Amélie. — Ceyx et Alcione. Deux Paysages, in-fol., d'après *Vilson.* Très belles ép.

405 — La villa de Ciceron, in-fol., d'après *Wilson,* lettre grise. Très belle ép.

406 — Macbeth, in-fol., d'après *Zuccharelli.* Très belle ép., lettre grise.

407 — Le Chien de chasse, d'après *Stubbs,* in-fol. Superbe ép. avant la lettre, rare.

408 — La Mort du général Wolff, d'après *West,* in-fol. Très belle ép., lettre grise.

409 — Bataille de la Hogue, d'après *West,* in-fol. Très belle ép.

PORTRAITS

410 **Balechou.** La Force, d'après *Naitier,* in-fol. (c'est Mme de Chateauroux). Très belle ép., petite marge.

411 — Auguste III, roi de Pologne, grand in-fol., d'après *Rigaud.* Très belle ép.

412 — Charles Coypel peintre, in-fol., d'après lui-même. Belle ép. collée.

413 — Crébillon à mi-corps, grand in-fol., d'après *Aved*. Superbe ép., marge.

414 — Jacobus Gabriel Grillot, abbé de Pontigny, in-fol. Très belle ép. d'après *Autreau*.

415 — Guil. Ch. Henri Friso, prince d'Orange, in-fol. d'après *Aved*. Très belle ép., marge.

416 — Jean de Julienne tenant le portrait de Watteau, grand in-fol. d'après *de Troy*. Très belle ép.

417 — Don Philippe, infant d'Espagne, in-fol., d'après *Viali*. Superbe ép., petite marge.

418 — Ch. Rollin à mi-corps, grand in-fol., d'après *Coypel*. Belle ép., sans marge.

419 **Bause.** Petrvs Ier, d'après *Le Roy*, Paris, 1717, in-fol. Superbe ép., marge.

420 **Bervic.** Louis XVI en pied en manteau royal. Très grand in-fol. d'après *Callet*. Superbe et très rare ép., avant la planche coupée.

421 — Senac de Meilhan, in-fol., d'après *Duplessis*, avant la lettre, avec les armes.

422 **Blooteling.** De Heer Pieter Schout à cheval, in-fol., d'après *Wouvermans*. Très belle ép. avant toute lettre, le texte est à l'encre.

423 **Demarcenay.** Son portrait, il est à la fenêtre, un livre est sur l'appuy, petit in-fol. Superbe ép., marge.

424 — Le comte de Berghe, magnifique ép. avant toute lettre, petit in-fol., grande marge.

425 — Le duc de Brunswick. Superbe ép. avant toute lettre, petit in-fol., marge.

426 — Charles Ier, roi d'Angleterre. — Paysage rond, avant la lettre, 2 p.

427 — Le Goux de Gerlans avant toute lettre. — Rembrandt, avant la lettre, 2 p. in-4. Superbes.

428 — Marquis de Mirabeau, dit l'ami des hommes. Superbe ép., petit in-fol., grande marge.

429 — M. de Puysegur. Superbe ép. avant toute lettre, le livre blanc, grand in-4, marge.

430 — Rembrandt, avant la lettre. — Tintoret 2 p. petit in-4. Superbes ép., marge.

431 — Tintoret, 2 ép. avant la lettre, avec différence. Superbes.

432 **Desnoyers**. Napoléon le Grand, en pied, couvert du manteau impérial. Superbe ép. avant les noms des artistes, petite marge, a été encadré.

433 — Le Roi de Rome, enfant, dans son berceau, in-4 d'après *Gérard*. Superbe ép., lettre à un trait, marge.

434 — Talleyrand-Perigord, en pied, dans son cabinet, in-fol. d'après *Gérard*. Superbe ép. avant toute lettre, marge.

435 **Drevet** (Pierre-Imbert). Bossuet, en pied, d'après *Rigaud*, in-fol. Superbe ép. avec 3 points, petite marge, parfaite condition (A. F. D. 12).

436 — Louise-Adelaïde d'Orléans, abbesse de Chelles (A. F. D. 18). Grand in-fol., belle ép.

437 — Adrienne le Couvreur, d'après *Ch. Coypel*, in-fol.

438 **Drevet** (Pierre). Louis XIV, en pied, en manteau royal. Très grand in-fol. Superbe ép. (A. F. D. 55).

439 — Hyac. Rigaud, peintre. Magnifique ép. in-fol. avant toute lettre, marge, de la plus belle condition.

440 **Dyck** (d'après van). Judocus de Momper. — Théodore Galle. 2 p. par *Vorsterman*. Très belles ép.

441 — Guil. Hondius. — Jean de Montfort, par *P. de Iode*. 2 p. Très belles ép.

442 — Gérard Seghers, peintre, par *Vorsterman*. Superbe ép., marge.

443 **Earlom**. Général Elliot, in-fol., d'après *Reynolds*. Superbe ép., marge.

444 **Edelinck** (G.). Philippe de Champagne, peintre, in-fol. (R. D. 164). Très belle ép., marge.

445 — Albert Durer, peintre et graveur (R. D. 193). Très belle ép. in-fol., grande marge

446 — Charles-Maurice le Tellier, archevêque de Reims, in-fol. (R. D. 245). Très belle ép. marge.

447 — J. Rouillé, comte de Meslay (273). — Bertier, évêque de Rieux (148). La tablette coupée, collé. 2 p.

448 **Forster**, 1822. Albert Durer, petit in-fol. Superbe ép. d'artiste sur Chine. *Forster sculpt.* 1822, à la pointe au milieu en bas, toute marge.

449 — Louis Ier, roi de Bavière, in-fol. d'après *Stieler*. Très belle ép., toute marge.

450 **Grateloup** (J.-B. de). J.-B. Bossuet, à mi-corps, d'après *Rigaud*, in-8. Superbe ép. sur Chine du chef-d'œuvre du maître, marge (Faucheux 1), avant-dernier état, avant la date de 1771.

451 — J.-B. Bossuet, en buste ovale in-12, d'après *Rigaud*. Superbe ép. sur Chine avant le nom de Bossuet, avant-dernier état (F. 2), marge.

452 — Descartes, d'après *Hals*, ovale équarri in-12. Superbe ép. sur Chine, marge (F. 3).

453 — John Dryden, d'après *Kneller*, ovale équarri in-12. Superbe ép. sur Chine, marge (F. 4).

454 — Fénelon, d'après *Vivien*, ovale équarri in-12. Superbe ép., marge (F. 5).

455 — Adrienne Lecouvreur (Cornélie). Superbe ép. avant toute lettre, ovale équarri in-12, marge (F. 6).

456 — Montesquieu, de profil, d'après *Dassier*, ovale équarri in-12. Superbe ép., marge (F. 7).

457 — Polignac, cardinal, d'après *Rigaud*, petit ovale, 2e des 4 états avec les N redressées, mais avant les tailles de l'entourage. Superbe ép., marge (F. 8).

458 — J.-B. Rousseau, ovale équarri in-12, d'après *Aved*. Superbe ép., marge (F. 9), papier de Chine.

459 **Larmessin** fils. Louis XV, jeune, 1720 il avait 10 ans; petit in-fol. d'après *Rigaud*. Superbe ép., petite marge.

460 **Lépicié**, 1733. Charlotte Desmares, actrice, in-fol. d'après *C. C.*, belle ép.

461 **Leroux.** François Ier, d'après *Titien*, in-4. Superbe ép. avant la lettre sur Chine, toute marge.

462 **Lignon.** Mlle Mars. — Talma. 2 p., petit in-fol. avant la lettre. Très belles ép., toute marge.

463 — N. Poussin, peintre, in-fol. d'après lui-même, lettre blanche. Superbe ép. toute marge, signé *F. Lignon* au crayon.

464 **Masson** (Antoine). Emmanuel-Théodose de la Tour d'Auvergne, duc d'Albret, cardinal de Bouillon (R. D. 14). Superbe ép. in-fol.

465 — Pierre Dupuis, peintre de fleurs, in-fol. (R. D. 25). Belle ép.

466 — Toussaint Forbin de Janson (R. D. 27), in-fol. Superbe ép., marge.

467 — Marie de Lorraine, duchesse de Guise (R. D. 32). Superbe ép. petit in-fol., 3e des 5 états avant le lapin. Sans marge. Très rare.

468 — Henri de Lorraine, comte d'Harcourt (dit le Cadet à la perle). Superbe ép., 1er état (R. D. 34).

469 — Hardouin de Beaumont de Perefixe, archevêque de Paris, in-fol. (R. D. 61). 1er état avant les noms du personnage sur la bordure. Très belle ép., marge.

470 **Moitte.** Duhamel du Monceau, in-fol. avant toute lettre. Superbe ép. Très grande marge.

471 **Morghen** (Raphaël). Raphaël Sanzio, grand in-4. Superbe ép., la lettre d'un seul trait, remargé au bord du cuivre.

472 — Jeanne d'Aragon, in-fol. d'après *Raphaël*. Superbe ép. avant la lettre, toute marge.

473 — Moncade à cheval, d'après *Van Dyck*, grand in-fol. Superbe ép. avant les contretailles sur la cuirasse, lettres blanches, marge, a été encadré.

474 **Morin** (J.). R. Arnauld d'Andilli (R. D. 42). — Henri de Lorrraine duc de Guise, comte d'Eu (R. D. 57). 2 p., belles ép. sans marge.

475 — Marg. Lemon (R. D. 62), tachée. — Michel de Marillac (R. D. 66). — Nicolas de Netz, évêque d'Orléans (R. D. 70). 3 p.

476 — Omer Talon (R. D. 74). — Jacques-Auguste de Thou (R. D. 79), 2 p. Très belles ép. sans marge.

477 — Charles de Valois, duc d'Angoulême (R. D. 81), ép. tachée.

478 **Muller** (H. G.). Henri IV, dans un encadrement très riche orné de figures allégoriques, in-fol. d'après *Gérard* et *Percier*. Superbe ép. sur Chine, les noms d'artistes à la pointe.

479 **Muller**. Louis XVIII, assis, en manteau royal, très grand in-fol. Superbe ép. avant toute lettre, toute marge.

480 **Nanteuil** (Robert). Moïse, grand in-fol. (R. D. 1), avant l'adresse de Drevet. Très belle ép., rare.

481 — Anne d'Autriche, reine de France (R. D. 23), grandeur naturelle. Superbe ép.

482 — Dreux d'Aubray, victime de la Brinvilliers (R. D. 25). Superbe ép.

483 — Louis de Bailleul, président à Mortier au Parlement de Paris (R. D. 27). Superbe ép., 2e des 4 états, marge.

484 — Antoine Barberin, cardinal, archevêque de Reims (R. D. 30). Superbe ép., marge du cuivre.

485 — Et. Jehannot de Bartillat (R. D. 32), 1er état. Superbe ép.

486 — François de Vendôme, duc de Beaufort (R. D. 33). Superbe ép.

487 — Beaumanoir de Lavardin, évêque du Mans (R. D. 34), 1er état. Superbe.

488 — David Blondel, historien (R. D. 41). Superbe.

489 — Pierre Bouchu, abbé de La Ferté et de Clairvaux (R. D. 47). Superbe ép., 1er état.

490 — Fred. Maurice de la Tour d'Auvergne, duc de Bouillon (R. D. 48). Superbe ép., 2e état avec les noms sur la console.

491 — Fred. Maurice de la Tour d'Auvergne, duc de Bouillon (R. D. 49). Superbe ép. avant-dernier état.

492 — Marie de Bragelogne (R. D. 57). Superbe ép. sans la planche accessoire, contenant des vers.

493 — François de Clermont-Tonnerre, évêque de Noyon (R. D. 68). Superbe ép. 1er des 5 états.

494 — Alexandre de Sève, prévôt des marchands (R. D. 82). Superbe.

495 — John Evelyn, antiquaire anglais (R. D. 93), l'écusson enlevé, mais avec le monogramme à gauche. Très belle ép., très rare.

496 — Louis Hesselin, conseiller, dans le gout de Mellan (R. D. 110). Superbe ép. Ier état.

497 — Charles de la Porte, duc de la Meilleraye, maréchal de France (R. D. 118). Très belle ép., marge.

498 — Guillaume de Lamoignon (R. D. 119). Très belle ép. Ier état.

499 — Louis Phelypeaux de La Vrillière (R. D. 123). Superbe ép., avant dernier état.

500 — Michel le Masle, chanoine de l'église de Paris (R. D. 126). Ier état sans marge, collé, avant que la date 1658 soit changée. — Le même, 2e état avant 1661. 2 p.

501 — Michel Le Tellier, octogone (R. D. 130). Très belle.

502 — Michel Le Tellier (R. D. 131). Superbe ép., marge.

503 — Michel Le Tellier (R. D. 136). Très belle ép.

504 — Charles Maurice Le Tellier, archevêque de Reims (R. D. 140). Superbe ép. avant la date 1671.

505 — Jules Paul de Lionne (R. D. 147). Superbe ép. Ier état.

506 — Louis XIV (R. D. 155). Superbe ép. 1er des 4 états.

507 — F. Mallier du Houssay, évêque de Troyes (R. D. 167). 1er état. Très rare.

508 — Cardinal Mazarin (R. D. 175). Très belle ép. 1er état.

509 — Cardinal Mazarin (R. D. 179). Superbe ép.

510 — Cardinal Mazarin (R. D. 182). Superbe ép.

511 — Edoard-Molé (R. D. 193). Très belle ép.

512 — François Molé, abbé de Sainte-Croix de Bordeaux (R. D. 195). Superbe ép., petite marge.

513 — Henri de Savoie, duc de Nemours, archevêque de Reims (R. D. 199). Rare ép. du Ier état.

514 — Nicolas Potier de Novion, premier président au Parlement de Paris (R. D. 205), rare ép. du Ier des 4 états. Très belle ép.

515 — Pierre Payen-Deslandes (R. D. 210). Superbe ép., marge.

516 — Hardouin de Perefixe de Beaumont, archevêque de Paris (R. D. 214), grandeur naturelle 2e des 4 états.

517 — Pierre Poncet (R. D. 215), 1673. Superbe ép., grande marge.

518 — Claude Regnauldin (R. D. 216). 1er des 5 états avec la planche accessoire, belle ép.

519 — Charles Paris d'Orléans-Longueville, comte de Saint-Paul (R. D. 219). Superbe.

520 — Pierre Seguier, chancellier (R. D. 222). 1er état. Belle ép.

521 — P. Seguier de Saint-Brisson, prévôt de Paris (R. D. 224). Très belle ép.

522 — Steenberghen, dit l'avocat de Hollande (R. D. 226). Superbe.

523 — Denis Talon (R. D. 228). Superbe.

524 **Strange.** Charles Ier d'Angleterre en pied, en manteau royal. Très belle ép., in-fol.

525 — Charles Ier devant son cheval, d'après *Van Dyck*, grand in-fol. Magnifique ép. avant toute lettre, marge. Très rare.

526 **Suyderhoef.** Tegularius de Harlem, in-fol., d'après *Hals*, Très belle ép., signée *J. G. Will*, 1747.

527 **Visscher** (C. de). Gellius de Bouna, *ad vivum* in-fol. Très belle ép.

528 — Petrus Scriverivs, de Harlem, in-fol. Très belle, signé *J. G. Wille*, 1791.

529 **Wille** (J. G.). Louis Phelypeaux, comte de Saint-Florentin, in-fol., d'après *Toqué*. Très belle ép.

530 — Sous ce numéro : deux Portefeuilles en veau a recouvrements avec filets dorés sur les plats et serrures, dans des étuis de 60 sur 40 cent. — Six Portefeuiles en veau a recouvrements, filets dorés et serrures, dans des étuits no 48 sur 34 cent. — Un grand Portefeuille rouge de 1^m^ 10 sur 83 cent. — Un plus petit de 85 sur 65, etc. Seront divisés.

PORTRAITS

GRAVÉS SUR ACIER

A CLAIRE-VOIE, IN-12, FORMAT IN-8

CHAQUE 50 C. OU 1 FR., SELON LA RARETÉ

Bailly (J.-S.), présid. de l'Assembl. nat.
Barras (P.-F.-J.-N.), député convent.
Beauharnais (Eugène).
Béranger, poëte chansonnier.
Bernardin de Saint-Pierre.
Berryer, avocat, député.
Bertrand (Henri-Gratien, comte).
Boïeldieu, musicien compositeur.
Bossuet (J.-B.), évêque de Meaux.
Brissot de Warville (J.-P.), dép. conv.
Broussais (F.-J.-V.), médecin, prof.
Byron (Lord).
Callot (Jacques), célèbre graveur.
Chaptal (J.-A.), comte de Chanteloup.
Chateaubriand (F.-A. vicomte de).
Condorcet, conventionnel.
Corneille (Pierre), aut. dramatique.
Courier (Paul-Louis), écriv. politique.
Cromwell (Olivier).
Delavigne (Casimir), aut. dramat.
Descartes (René), mathématicien.
Desmoulins (Camille), conventionnel.
Dubois (A.), médecin.
Dupin aîné, avocat.
Dupuytren (Baron), chirurgien.
Fourcroy (Ant.-François de), chim.
Fox, ministre anglais.
Foy, général.
Franklin (Benjamin).
Gall (F.-J.), fondat. de la phrénologie.
Gourgaud (Gaspard), général.
Grégoire (H. comte abbé), convent.
Hérold, musicien compositeur.
Hoche (Lazare), général.
Holbein (Jean), peintre.
Hugo (Victor).
Humboldt (Baron F.-H.-Alex.).
Kléber (J.-B.), général.
Kosciusko (Th.), général polonais.
Lafayette, général.
Laffitte (J.), banquier.
Lamartine (A. de), littérateur.
Lamennais (Abbé).
Lannes (Jean), maréchal de France.
La Pérouse (J.-F.-Galaup de), voyageur.
La Place (P.-S. marquis de).
Las Cases (Comte de).
Machiavel (Nicolas).
Maintenon (Marquise de).
Marie Stuart.
Mars (Mlle).
Masséna (André), maréchal de France.
Maury (J.-S. abbé), cardinal.
Milton (Jean), poëte anglais.
Mirabeau (H.-G. Riquetti comte de).
Molière.
Montaigne (Michel de).
Montesquiou Fezensac (Marquis de).
Moreau (J.-V.), général.
Napoléon Ier.
Napoléon, duc de Reichstadt.
Napoléon (Louis), 1778-1846.
Ney (Michel), maréchal.
Ninon de Lenclos.
Orfila, médecin.
Paré (Ambroise), chirurgien.
Perrier (Casimir), 1777-1832.
Pichegru (Charles), général.
Poussin (Nicolas), peintre.
Prieur (C.-A.), système décimal.
Racine (Jean), poëte dramatique.
Raphael Sanzio, peintre.
Rossini, musicien compositeur.
Rousseau (J.-J.), écrivain, philosophe.
Rubens (P.-P.), peintre.
Sabatier (B.), chirurgien.
Schiller (F.), historien, poëte.
Sévigné (Marquise de).
Stanislas Leczinski, roi de Pologne.
Suchet, maréchal de France.
Taglioni (Mlle), danseuse, Opéra.
Talleyrand (Prince de).
Talma (Fr.-Joseph), tragédien.
Tell (Guillaume).
Titien, peintre.
Tourneur (Pierre le), littérateur.
Van Dyck (Antoine), peintre.
Voltaire (Arouet de).
Voltaire couronné.
Washington (Georges).

GALERIE DE LA PRESSE

De la Littérature et des Beaux-Arts

PORTRAITS LITHOGRAPHIÉS IN-4

de 50 cent. à 3 fr., selon la rareté

Achard, acteur.
Adam (Adolphe), musicien.
Altaroche, littérateur.
Ancelot (Mme), deux différents.
Ancelot, auteur dramatique.
Arago (François), deux différents.
Arlincourt (Vicomte d'), littérateur.
Arnal (Etienne), acteur.
Auber, musicien.
Auriol.
Balzac (Honoré), deux différents.
Bardou, acteur.
Baroilhet, chanteur.
Barye, sculpteur.
Baucher, écuyer.
Bayard, auteur dramatique.
Beauvoir (Roger de), littérateur.
Bellangé, peintre.
Béranger, chansonnier.
Berat (Frédéric), chansonnier.
Berthet (Elie), littérateur.
Berthoud (Henri), romancier.
Bertini, musicien.
Betty (Aurélie).
Biard, peintre.
Blanc (Louis), littérateur politique.
Blanqui, de l'Institut.
Bocage, acteur (Pierre Tousez).
Bouffé, acteur.
Briffaut (Eugène), journaliste.
Brohan (Mlle), comédienne.
Candia (voir **Mario di**), chanteur.
Carmouche, auteur dramatique.
Cassagnac (A. Granier de), littérat.
Chambolle, journaliste.
Charlet, peintre, lithographe.
Chateaubriand (Franç.-Aug. de).
Chéri (Anna et Rose), actrices.
Chérubini, musicien.
Chevalier (Michel), littérateur.
Cogniard (Les Frères), aut. dram.
Colet (Louise), femme de lettres.
Cousin (Victor), professeur.
Daguerre, peintre.
Damoreau (Mme), cantatrice.
Dantan jeune, sculpteur.
David d'Angers, sculpteur.
Decamps, peintre.
Déjazet (Virginie), actrice.
Delacroix (Eugène), peintre.
Delaroche (Paul), peintre.
Delavigne (Casimir), aut. dramat.
Deschamps (Emile), poète.
Desnoyers (Louis), littérateur.
Donizetti, musicien.
Dorus-Gras, cantatrice.
Dorval (Mme), actrice.
Doze (Mlle), comédienne.
Dumanoir, auteur dramatique.
Dumas (Alexandre), étant jeune.
Dumersan, auteur dramatique.
Dupeuty (Charles), aut. dramat.
Dupin aîné, jurisconsulte.
Duprez, chanteur.
Duret, sculpteur.
Du Sommerard, antiquaire.
Duvert, auteur dramatique.
Duveyrier, auteur dramatique.
Falcon (Mlle), cantatrice.
Fargueil (Mlle), actrice.
Ferville, comédien.
Fitz Clarentz (Maria).
Foa (Eugénie), femme de lettres.
Forgues (Emile), Old nick, littérat.
Garcia (Pauline), cantatrice.
Gautier (Théophile).
Géraldy.
Gigoux, peintre.
Girardin (Mme Emile de), deux diff.
Girardin (Emile de), journaliste.

Girardin (Saint-Marc), littérateur.
Gozlan (Léon), romancier.
Grahn (Lucie), danseuse.
Granville, caricaturiste.
Grisi (Julie), cantatrice.
Grisi (Carlotta), danseuse.
Guinot (Eugène), feuilletoniste.
Guizot, historien, homme d'Etat.
Halévy (J.-F.), musicien.
Hugo (Victor).
Hyacinthe, acteur comique.
Ingres, peintre.
Isabey (Eugène), peintre.
Jacotot.
Janin (Jules), deux différents.
Karr (Alphonse), deux différents.
Kock (Paul de), romancier.
Lablache, acteur, chanteur.
La Croix, bibliophile Jacob.
Lafont, comédien.
Lamartine (Alphonse de).
Lamennais, deux différents.
Lautour Mezerai.
Lauzanne, auteur dramatique.
Lepeintre aîné, acteur.
Lepeintre jeune, acteur, aut. dram.
Leroux (Pauline).
Levassor (Pierre), comédien.
L'Herminier (J.-L.-E.), professeur.
Ligier, acteur.
Litz, musicien.
Lockroi.
Lucas (Hippolyte), littérateur.
Maria (B^ne d'Henneville), danseuse.
Marié, chanteur.
Mario di Candia, chanteur.
Marco (voir Saint-Hilaire).
Marochetti, sculpteur.
Massol, chanteur.
Masson (Michel), aut. dramatique.
Melesville, auteur dramatique.
Merle auteur dramatique.
Méry, deux différents, poëte.
Meyerbeer, musicien.
Milon (Thibaudeau), comédien.
Moine (Antonin), peintre.
Monpou (Hippolyte), musicien.
Nisard, littérateur.
Nodier (Charles), littérateur.
Norvins (De), historien.
Nourrit (Adolphe), chanteur.
Odry, acteur comique.
Persiani, cantatrice.
Pierron (Eugène), acteur.
Plantade, musicien.
Plessis (Mlle), comédienne.
Pradier, sculpteur.
Prudent (Emile), musicien.
Pyat (Félix).
Rachel (Mlle), tragédienne.
Raffet, artiste lithographe.
Ravel, acteur comique.
Reboul (Jean), poëte.
Regnier, comédien.
Resseguier (Comte Jules de).
Rolle, journaliste.
Roqueplan (Camille), peintre.
Rossi (Mlle), cantatrice.
Rossini (Joachimeo), musicien.
Rougemont (De), aut. dramatique.
Royer (Alphonse), romancier.
Rubini, deux différents, chanteur.
Saint-Hilaire (Emile Marco).
Saint-Marc (voir Girardin).
Samson, comédien.
Sand (Georges), deux différents.
Sauvage (Eugénie), actrice.
Scheffer (Ary), peintre.
Scribe, auteur dramatique.
Segalas (Anaïs), poëte.
Soulier (Frédéric), deux différents.
Spontini, musicien.
Sue (Eugène), romancier.
Taglioni (Mlle Marie), danseuse.
Tamburini, chanteur.
Tastu (Mme Amable), f^e de lettres.
Thenard (Mme), actrice.
Thierry (Augustin), historien.
Thiers, historien politique.
Thillon (Anna), cantatrice.
Thomas (Ambroise), musicien.
Tousez (Alcide), comédien.
Tristan (Flora).
Vander Burch, auteur dramatique.
Varin, auteur dramatique.
Vernet, acteur.
Vernet (Horace), peintre.
Viardot, littérateur.
Viennet, littérateur.
Vigny (Comte Alfred de).
Villemain (Abel-François).

Vve Renou, Maulde et Cock, imprimeurs de la Compagnie des Commissaires-Priseurs
Rue de Rivoli 144. 12763

VIENT DE PARAITRE

Chez VIGNÈRES, marchand d'Estampes

Rue de la Monnaie, 21, à l'entre-sol

RELIQUE DE MOLIÈRE

DU CABINET

Du Baron VIVANT DENON

PAR

M. ULRIC RICHARD-DESAIX

ORNÉ DU

PORTRAIT DU BARON VIVANT DENON

Eau-forte originale

I VOL. IN-8 RAISIN

Caractères elzeviriens, sur beau papier vergé des Vosges
fleurons, lettres ornées, tirage rouge et noir

Prix : 5 francs

Quelques Exemplaires avec quatre états différents du portrait
vergé et chine volant en noir, bistre et sanguine

Prix : 8 francs

Vve Renou, Maulde et Cock, imprs de la Cie des Commissaires-Priseurs,
rue de Rivoli, 144 12763

www.ingramcontent.com/pod-product-compliance
Ingram Content Group UK Ltd.
Pitfield, Milton Keynes, MK11 3LW, UK
UKHW031957260826
14628UKWH00005B/2106

9 782019 143459